AGONIE

DU

GOUVERNEMENT ANGLAIS.

DÉDIÉ AU PEUPLE SOUVERAIN.

AGONIE

DU

GOUVERNEMENT ANGLAIS,

ET LE BONHEUR DE TOUTES LES NATIONS;

OU

RÉFLEXIONS SUR L'INFLUENCE

qu'une Révolution en Angleterre aurait
sur le sort de l'Europe.

Un nouvel univers apparaît à nos yeux.

Tout homme pour qui l'histoire ne fut pas
un simple recueil de dates annonçant que tel
jour, en tel an, un nouveau roi était né pour
le malheur du monde ; qu'en tel autre cent
mille soldats s'étaient entrégorgés pour savoir
à qui resterait le droit de se dire leur maître ;
qu'un prêtre avait béni les armes, et ensuite
rendu grace à dieu du triomphe du despotisme,
et du sang de ses aveugles victimes ; tout homme, dis-je, qui a su lire en philosophe, les
annales des siècles, a dit, en voyant la révo-

A

lution française : Celle-ci n'est plus une révolution partielle ; la moindre variation qu'éprouve l'axe du monde se fait ressentir à toutes les extrémités de la terre. La France peut être comparée à cet axe par ses rapports immenses avec tous les peuples, par sa position géographique, ses nombreuses colonies, l'étendue de ses côtes que deux mers, comme en tribut, venaient déjà enrichir des productions du Nord, du Levant et des deux Indes. La révolution française ne pouvait donc pas se circonscrire dans les limites de la France. En cela elle différait essentiellement de celles de l'antiquité, et de celles modernes de la Suisse, de Venise, de la Hollande, de l'Angleterre, et même de l'Amérique dont l'action fut locale. La raison principale pour laquelle cette révolution était excentrique, si l'on peut se servir de cette expression, et tendait à se répandre comme les eaux bienfaisantes du Nil, sur le cercle qui l'entourait, est qu'elle n'était pas simplement l'effet d'une sainte indignation des peuples trop longtems opprimés qui réagissaient contre leurs tyrans, ou le produit momentané des imaginations échauffées par une éloquence qui allait réveiller l'homme libre dans l'homme esclave, maîtrisait son cœur, y soulevait toutes les passions ; ce qui produisait un grand mouvement auquel manquant une impulsion morale et continuée, ne tardait pas de succéder le calme de l'indifférence. L'homme se recourbant vers ses premières chaînes, tendait à replacer tout dans son premier état, ou si l'on voulait bien changer quelques mots devenus odieux, c'était à condition que rien ne fut changé aux choses , ou que, sous des noms et des formes différentes, l'on allât au même but.

C'est ainsi que l'adroit César fut roi sous le nom de Dictateur, qu'Auguste voulut avoir l'air de dépendre du sénat, que Cromwel se nomma modestement protecteur, et qu'aujourd'hui encore le peuple anglais croit être libre devant une majorité de représentans dont *la cour a le tarif des consciences.* O puissance des mots ! comme en tout tems tu servis les prêtres et les rois ! La révolution française au contraire fut le produit des théories les plus sublimes. La divine philosophie détruisit cet égoïsme, qui chez les anciens, à Ahtènes , à Sparte surtout et à Rome, faisait aimer la patrie aux dépens du bonheur des autres peuples. Les anciens , exclusifs dans le sentiment de la liberté , voulaient les autres esclaves. Mais ici en rendant libre la France, les philantropes associèrent à sa destinée tous les peuples. L'univers n'est pas assez grand pour satisfaire leur ame grosse de la liberté et du bonheur du monde, dont par la déclaration des droits de l'homme , ils ont proclamé l'indépendance basée sur le dogme sacré de la souveraineté du peuple et du droit légitime d'insurrection qu'ils rendaient commun à tous les hommes. Cette combinaison toute neuve épouvanta les tyrans, et parut réjouir la nature entière qui, pour la première fois, lisait dans le livre du destin, que tous ses enfans allaient jouir du vrai bonheur par le triple lien de la fraternité, de la liberté et de l'égalité, théorie sociale qui n'avait encore été énoncée que par l'ame philantropique de Fénélon, quand il posa tous les principes de la nature, de la société et de la révolution française en disant : j'aime mieux ma famille que moi-même, j'aime mieux ma patrie que ma famille ; mais j'aime mieux encore le genre humain que ma patrie.

Avant de voir l'influence inévitable de la grande révolution sur le monde politique, je crois nécessaire de jeter un coup d'œil sur ce qu'il était avant cet événement ; et comme avant cette époque, nous pouvons considérer l'Europe comme le tronc de l'arbre politique dont les autres parties n'étaient que les branches, d'après cette donnée, nous nous arrêterons aux quatre colosses qui se divisaient et en quelque façon dévoraient la terre, ce qui nous conduira naturellement au résultat que je me propose, résultat produit par cette force d'action et de réaction qui existe au moral comme au physique, avec la différence que, moyen conservateur dans le monde physique en établissant un équilibre d'où résulte peut-être l'ordre de l'univers, cette double force est une cause agissante de changement et de mutation dans ce qui tient à l'ordre politique. Avant cette révolution qui entrevue par les philosophes qui la précédèrent, aurait étonné leur génie ainsi que les hommes ordinaires, l'Europe doit être comparée à une vaste ménagerie où les hommes, animaux stupides quand ils reconnaissent des maîtres, etaient parqués comme des moutons dans une bergerie. Presque tout l'univers reconnaissait les mots, si contraires à la nature, de Roi et de Sujet ; la grammaire, la logique, la métaphysique n'étaient que les fruits adultérins de la céleste philosophie. Cette fille de la raison et de la liberté violée par le trônes et les cloîtres, faisait servir les connaissances humaines falsifiées dans leur source, à cimenter l'esclavage et l'ignorance de l'homme. Les quatre colosses dont je veux parler, sont la France monarchique, le Corps Germanique, la Russie et l'Angleterre.

La France aux avantages physiques dont j'ai déja parlé, nourrissait, à quelques légers supplémens, vingt cinq millions d'habitans, spirituels, industrieux et braves ; toutes les ressources des arts utiles et agréables venant s'unir aux avantages qu'elle tenait de la nature, rendait ce royaume une des puissances prépondérantes du continent ; et s'il ne manquait pas tout à un peuple lorsqu'il est privé de son plus beau privilège, la liberté, la France aurait été un nouvel Eden ; mais elle renfermait un roi. Les bienfaits de la nature, qu'elle avait répandus d'une main prodigue, les chefs-d'œuvre du génie, les merveilles des arts qui avaient fait de Paris une nouvelle Athènes ; perdaient de leur éclat, l'homme était indigent au milieu des richesses ; le philosophe ne voyait plus qu'un désert frappé de stérilité où l'esclave des cours se jouant avec des chaînes d'or et de roses, voyait les palais d'Armide et les jardins d'Antinoüs. La France nous conduit par une transition naturelle à ce corps monstrueux, ci-devant Corps Germanique, composé des élémens les plus hétérogènes, mélange de tous les gouvernemens, monarchique, absolu, mixte, oligarchique, sacerdotal. Des villes libres même, tout y offrait l'image du cahos, sous une apparence d'ordre. Les états de lAutriche en étaient comme la tête et l'estomac ; ces parties devenues gigantesques avaient condamné les autres à un rachitisme qui par des degrés plus forts ou plus faibles, tenaient une partie considérable de la population européene sous les sceptres laïcs et ecclésiastiques. La Prusse, monarchie créée comme d'un seul jet par la force des armes, conduite encore par l'ombre d'un roi despotisquement populaire, et philosophiquement brigand, fesait passer la chaîne de l'esclavage germanique de Vienne à Pétersbourg. Là sous les traits d'une femme, régnait un grand homme, si le crime heureux rend aussi célèbre que la vertu. La nature avait fait naître au milieu des glaces qui avoisinent le pôle, deux volcans dans la tête et le cœur, ou plutôt dans les sens de Catherine; de vastes conceptions sortaient du génie de la Sémiramis du Nord; des forfaits qui étonnaient la nature elle-même et qui surpassaient ses plus monstrueux écarts, étaient un jeu pour Cathérine, quand ses sens lui présentaient l'image d'un plaisir; des états qu'on peut nommer un monde, puisque l'on y comptait trente peuples différens, mais qui, pour le bonheur de l'espèce humaine, n'étaient pas peuplés en proportion de leur étendue, mettaient des bornes à l'ambition de cette souveraine qui convoitait depuis longtems le trône de Constantin, et même aspirait à la monarchie universelle; et des rives du Bosphore et des Dardanelles faisait de l'insolent Anglais, son facteur. Mais des mains plus glorieuses devaient réduire ce tyran des mers aux bornes que la nature lui avait prescrites.

En effet ce quatrième des colosses oppresseurs des nations balançait par la puissance du trident de Neptune, les forces territoriales des trois premiers. Jamais l'orgueil n'avait dominé un gouvernement au degré du cabinet de S.-James; une nation qui avait produit des Bacon des Loke et des Newton, et qui, il faut l'avouer, avant la naissance de la République Française, présentait dans son sistême de législation une masse imposante d'idées philosophiques, devait avoir quelque bonne opinion d'elle même, mais n'avait point acquis le droit de mépriser tout ce qui n'était point né dans ses trois Royaumes, surtout quand Rousseau, Voltaire, Mabli et Raynal apprenaient aux Français à s'élever à une telle hauteur dans l'art Social, que les pères de la constitution britannique, tant vantée par Montesquieu sont restés à une distance immense des nouvelles conceptions politiques, et de cette convention nationale à qui la posterité payera la juste dette que l'ingratitude de quelques contemporains lui refusent. Dans le dictionnaire anglais, le Français était un être futile, incapable d'un raisonnement politique, ne pouvant prétendre qu'à la gloire de subjuguer quelques femmes, créer des modes et produire des opéras comiques; l'Italie devait être bienheureuse de fournir au luxe et à la molesse de Londres corrompue, des peintres et des chanteurs; l'Italie, cette belle partie de l'Europe à qui il ne manquait que le ferment créateur de la liberté pour faire voir que les Becharia , les Filangieri et les Cerutti avaient laissé de nombreux successeurs dédaignée par l'orgueilleux Anglais, ne méritait disait-il, d'être visitée que comme la gardienne des monumens antiques ; les autres peuples n'étaient nés que pour être tributaires du commerce britannique , semblable à ce Kan des Tartares qui , quand il a bien dîné , fait donner la permission à tous les souverains du monde de dîner à leur tour. Le cabinet de Saint-James , à l'exemple de ces Ilotes du Portugal , considère déja les nations comme autant de colonies anglaises à qui il laisse une existence précaire et honteuse ; mais comme tout a sa mesure , et que quand le vase de l'iniquité est rempli , il faut qu'il répande : ce colosse aux pieds d'argile est prêt à s'écrouler ; l'Angleterre est attaquée en même tems dans le cœur , par les finances , veux-je dire , ce ver solitaire des états qui , par le marasme , conduit le corps politique à la mort , et par le commerce qu'on peut comparer , sur-tout en Angleterre qui ne peut point vivre de son sol , au sang qui circule et maintient la vie. Cette île corruptrice où le droit des gens et celui plus sacré de la nature , furent foulés aux pieds dans toutes les régions de l'univers , doit par sa chûte vanger le genre humain d'un gouvernement qui ne laisse plus de crime à inventer. Il est inutile d'exhumer les victimes dont les plaines immenses des deux indes , et la brûlante et malheureuse Afrique sont le vaste tombeau. Tant que la redoutable Clio burinera en traits inéfaçables, les forfaits des tyrans , le souvenir transmis de générations en générations en fera encore frémir d'horreur la vengeresse postérité. Un trait seul doit être cité ; il est en quelque façon le *maximum* des crimes du gouvernement anglais et des mintstres des rois ; il est peut-être la barbarie et l'outrage le plus atroce fait à toutes les nations dans la nation française. Le lord Chatham disait que la France *était un corps puissant qu'il fallait toujours tenir à l'agonie.* L'homme qui pronouça ce mot affreux était digne d'être le père de Pitt, et c'est bien d'un tel gouvernement que l'on peut répéter d'après Voltaire , mais dans un sens bien plus philosophique : qu'il n'appartient qu'au bourreau d'écrire l'histoire d'Angleterre. Le gouvernement anglais doit périr, ainsi le veut la justice éternelle , les nouvelles destinées du genre humain et sa justice dont l'initiative appartient à la grande nation , qu'il périsse, le gouvernement, veux-je dire , car les peuples toujours bons par instinct sont séparés d'avec leurs tyrans par le directoire exécutif. C'est ainsi que dans la mytologie des chrétiens un ange doit dit-on séparer les bons d'avec les méchans.

La liberté des mers est le résultat le plus apparent d'une révolution en Angleterte, mais j'en vois un autre qu'on saisira aisément en suivant la filiation de mes idées dès le commencement de ce tableau où j'ai posé comme dans un vestibule les clefs du temple de la liberté universelle. Ce résultat majeur donc, auquel l'humanité entière sourit, ce fécond et grand résultat qui est le but où j'ai promis de tendre, la force irrésistible des choses qui ne peuvent plus s'opposer aux progrès de la vérité, jointe à la force phisique, nous permettent de l'exprimer librement. Ce qui est prudence dans les tatonemens d'une politique incertaine, serait plus que faiblesse quand les principes triomphent d'un pôle à l'autre. Le sort en est jeté, le Hyérophante et la Pithie ne prononcent plus d'oracles, Rome relevant les statues des Brutus, n'a plus d'aruspices, d'augures et de prêtre roi, la raison s'est fait entendre à son tour ; et peut-être avant que ce siècle ait fermé son cercle radieux, l'astre qui nous éclaire ne prêtera plus à regret ses rayons aux tyrans, non le vaisseau de la liberté ne peut plus dériver, les tyrans composeront-ils avec leurs prétendus sujets? ils donneront acte de leur faiblesse; et la vrai force se reconnaissant elle-même, reprendra ses droits ; appesantiront-ils encore leurs bras de fer? Le règne de la terreur ainsi que les volcans, les tremblemens de terre, les inondations et les incendies ne peut durer que quelques instans, et le désespoir des peuples, tel que ce lion rugissant de qui l'on a tué les petits, renverse comme un torrent débordé tout ce qui s'oppose à ses volontés, et les peuples élèvent partout des temples à l'indépendance. Mais revenons pour me ratacher à mon sujet, à l'influence accélératrice que la révolution anglaise aura sur celle de l'Europe; elle dérive de deux causes. Tous les tyrans cessant d'être soudoyés par le cabinet de Saint-James, n'ont plus de moyens de résistance. Pendant que la grande communication des peuples libres qui font un cercle immense autour de la grande nation qu'on peut regarder avec eux comme un tout un et indivisible contre les attaques extérieures, ayant des relations ou des possessions dans toutes les parties du monde, doit, dis-je, par une électricité aussi forte que celle qui est un des grands ressorts de la nature, communiquer les principes de liberté à tous les peuples par cette électricité dont le foyer quelquefois moins ardent, mais jamais éteint, est dans le cœur de l'homme, par celle qui avec les deux mots liberté et égalité, a placé son conducteur d'un pôle à l'autre, et n'a pour bornes à sa commotion que les bornes du monde même.

Pour me résumer, l'influence inévitable de

la croisade philosophique contre la banque des tyrans de l'Europe, est de paralyser les forces royalistes et aristocratiques, ce qui veut dire en d'autres termes, amener l'univers à sa destination, à cet ordre politique qui aplique le beau moral au mécanisme des sociétés, hors duquel l'association humaine n'était comme quelqu'un a dit : qu'un absurde existant. L'événement mémorable qui a détruit le siège de l'imposture romaine, ôtant encore à la tyrannie les moyens d'opinion, qui sont sa seconde puissance, pendant qu'on lui tarit la source qui lui fournit des instrumens d'opression ; ces deux causes vont faire d'une régénération en détail, une régénération en masse que Londres libre aura la gloire d'accomplir. Ah ! que Voltaire eut raison de s'écrier dans la divination du génie : les jeunes gens sont bienheureux....... ils verront de belles choses.

AUGUSTE HUS, *patriote piémontais*.

En parlant de la force d'union des républiques, je crois devoir observer la nécessité absolue que la république française ait avec la *Cisalpine* les mêmes points de contact qu'elle a avec la Suisse et la Hollande, la Cisalpine, la Lygurie et Rome libre étant toujours ménacées par les hordes du Nord. Point d'intermédiaire donc entre l'Italie et la France libre.

AVEC PERMISSION ET APPROBATION
des Censeurs royaux de Londres,

Aux dépens de M. PITT, de tous les rois et de tous les prêtres.

De l'Imprimerie, rue Jean-Tison, N°. 217.

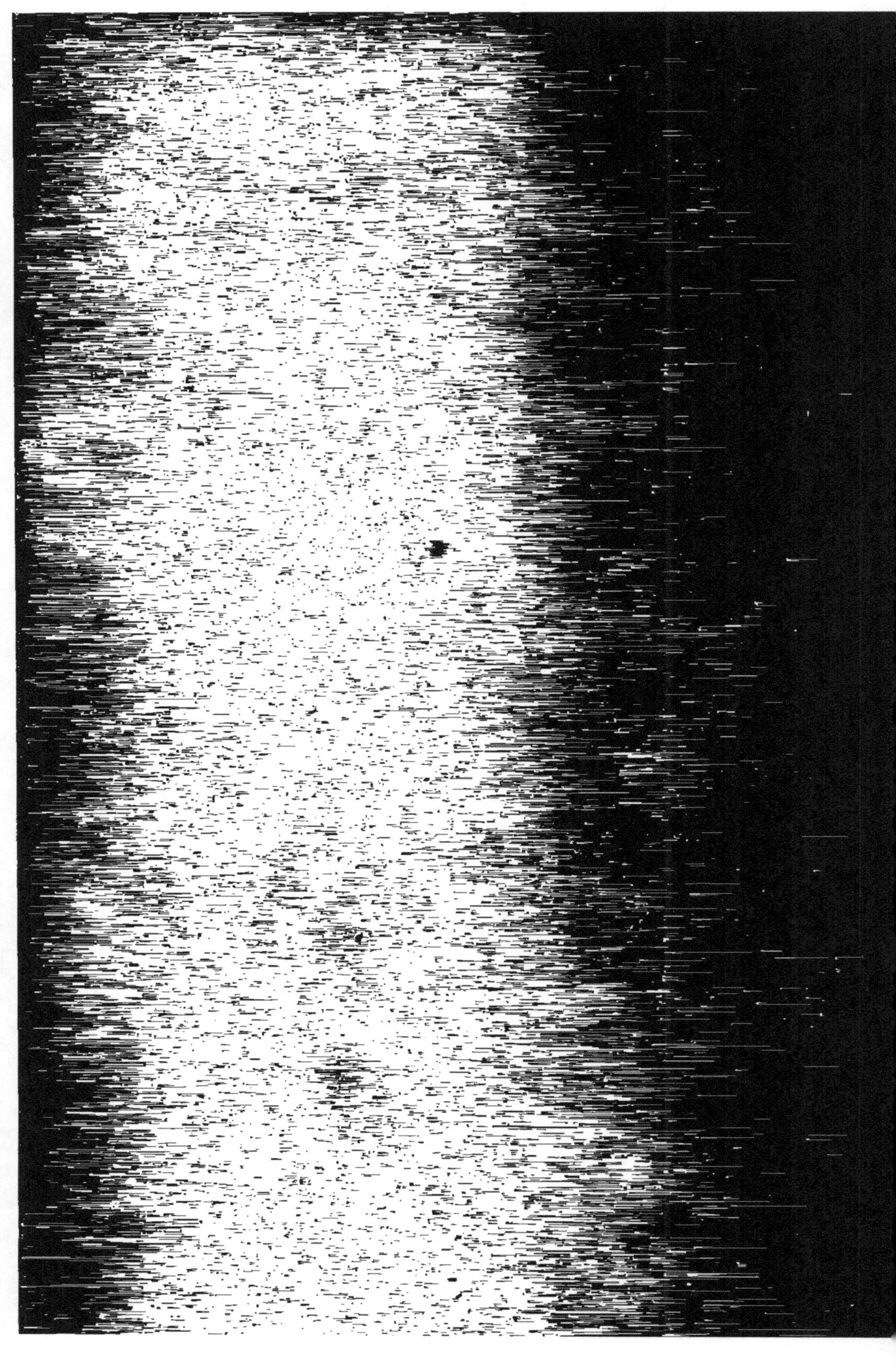